我们在读书
WOMEN ZAI DUSHU

斑点狗性格乐园

好朋友好伙伴

张若兰　著

石油工業出版社

图书在版编目（CIP）数据
好朋友好伙伴 / 张若兰　著 .
北京：石油工业出版社，2015.1
（斑点狗性格乐园）
ISBN 978-7-5183-0393-9
Ⅰ. 好…
Ⅱ. 张…
Ⅲ. 心理交往—少儿读物
Ⅳ. C912.1-49

中国版本图书馆 CIP 数据核字（2014）第 214641 号

斑点狗性格乐园之好朋友好伙伴
张若兰　著

出版发行：石油工业出版社
（北京安定门外安华里 2 区 1 号楼 100011）
网　址：www. petropub. com. cn
编辑部：（010）64523644　团购部：（010）64255933
经　　销：全国新华书店
印　　刷：北京市平谷县早立印刷厂

2015 年 1 月第 1 版　2015 年 1 月第 1 次印刷
710×1000 毫米　开本：1/16　印张：10
字　　数：185 千字

定　　价：16.80 元

（如出现印装质量问题，我社发行部负责调换）

欢迎来到奇迹之城

嗨，亲爱的小朋友们，你们好！我是一只可爱、马虎、爱睡懒觉、爱骑自行车的斑点狗。其实，我最爱的还是吃骨头！

我的家住在奇迹之城里。在这里，我有很多伙伴，我们常去附近的田野放风筝，在城里骑自行车、打雪仗。奇迹之城里有很多好玩的地方，我们最常去的是植物馆、古董店和书屋。植物馆里有很多种美丽的植物，大多数我都没有见过，在那里，你还可以看到奇迹之城里所有的植物标本，简直太好玩了！古董店里有很多新奇的玩意儿，我在那里见过很旧的照相机，很古老的钟表，很久以前的小提琴，还有好玩的木偶呢。我的那本《道格的故事》就是从书屋买来的，书屋很大，书的种类可多了，有航海、地理、植物、生物、文学等各个方面的。米莉喜欢读关于种植胡萝卜的书；伍迪喜欢读有关星星和月亮方面的书；卡尔喜欢读植物方面的书；杰克喜欢读探险故事；对了，还有芒克喜欢的地图呢。他们是谁呢？听我慢慢给你介绍。

芒克是一只调皮的小猴子，他最喜欢吃香蕉。米莉是一只可爱的小白兔，她爱种胡萝卜。卡尔是一头健壮的小象，他喜欢帮助别人，大家都很喜欢他。杰克是一头小牛，他的脾气可不好，但我们仍然是好朋友。伍迪年龄最小，是一只任性的小老鼠，但他很会做蛋糕哦。当然，还有和蔼的山羊爷爷，可亲的袋鼠妈妈……奇迹之城里的小动物们可多了！

每天，奇迹之城里都会发生很多有趣的事。山羊爷爷说：我们每天都在成长。原来的我们，有的任性、有的自私、有的不懂礼貌、有的爱欺负人、有的爱睡懒觉、有的爱挑食、有的不爱运动、有的不爱交朋友、有的还说脏话……正如袋鼠妈妈所说的：以前的我们有很多不好的习惯和性格。但是，现在的我们都已经改正了这些不好的习惯。记得有一次，山羊爷爷给我们布置了任务，我偷懒，不愿意去做，出去玩了一天。结果第二天大家都完成了，唯独我没有完成，但是，山羊爷爷并没有责怪我，他告诉我说：总爱拖延可不是好习惯，重要的事情先做完了，才可以好好玩。我记住了。当山羊爷爷再次布置任务时，我早早地完成了，还和伍迪去骑自行车了，玩得特别高兴，山羊爷爷表扬我了，真是太开心了！

现在就让我带你们去奇迹之城里玩吧，和我们一起吃蛋糕、一起去探险、一起玩捉迷藏、一起打雪仗吧！

斑点狗

2014年5月6日

奇迹之城里的部分居民简介

斑点狗

种类：狗

星座：白羊座

爱好：看故事书或者在奇迹之城里骑着自行车到处看风景

自画像：壮壮的，活泼，热情，爱捣蛋，做事缺乏耐心；热爱大自然，喜欢下雪天，还会吹口琴。

口头禅：道格的故事真好看。

最喜欢的食物：骨头

最喜欢的运动：骑自行车

最喜欢的颜色：红色

芒克

种类：猴子

星座：天蝎座

爱好：变魔术

自画像：大个头儿，乐观，聪明，有主见，易怒；爱看地图，长大想去航海，是斑点狗的好搭档。

口头禅：还是香蕉最好吃。

最喜欢的食物：香蕉

最喜欢的运动：从一棵树跳到另一棵树

最喜欢的颜色：黄色

伍迪

种类：老鼠

星座：双子座

爱好：做蛋糕

自画像：小个子，可爱，善良，好动，任性；奇迹之城里年龄最小的一个，他盼望着自己快快长大，长大后去环游世界。

口头禅：真好玩！

最喜欢的食物：蛋糕

最喜欢的运动：徒步

最喜欢的颜色：绿色

卡尔

种类：小象

星座：双鱼座

爱好：修房子

自画像：胖胖的，友好，爱笑，天真，懂得包容，多愁善感。奇迹之城里的新成员，很喜欢帮助人，大家都很喜欢他。

口头禅：该怎么办呢？

最喜欢的食物：苹果

最喜欢的运动：跑步

最喜欢的颜色：紫色

米莉

种类：小白兔

星座：处女座

爱好：画画

自画像：美丽，善良，勤劳，爱干净，完美主义者。聪明的米莉喜欢种胡萝卜和草莓，自学一些种植技术。

口头禅：那个没有弄好！

最喜欢的食物：胡萝卜

最喜欢的运动：跳绳

最喜欢的颜色：白色

杰克

种类：小牛

星座：狮子座

爱好：收集旧盒子

自画像：矫健，霸道，自大，遇事果断，值得信赖。最初，在伙伴们中间不太受欢迎，但很快就和大家打成一片。

口头禅：简直太酷了！

最喜欢的食物：青草

最喜欢的运动：打篮球

最喜欢的颜色：黑色

山羊爷爷

慈祥，和蔼，博学，管理着古董店，喜欢给小朋友讲故事，常带他们去郊游，给他们上课，斑点狗很喜欢和山羊爷爷聊天，看夕阳。

袋鼠妈妈

漂亮，温柔，可亲，爱跳舞，爱做饭，拥有一个花店，经常邀请斑点狗他们去吃饭，他们很喜欢袋鼠妈妈。

目录

找朋友

欣欣和荣荣

斑点狗稀奇古怪的思维给山羊爷爷留下了深刻的印象。

又是一次郊游课，山羊爷爷突然想到一个成语，想看看斑点狗怎么回答，便问：“‘欣欣向荣’该如何理解？”

果然不出所料，斑点狗自告奋勇地说：“欣欣认识了新朋友荣荣，欣欣向荣荣介绍了其他伙伴。”

山羊爷爷假装生气地说：“电视剧不要看太多了！”

下雪了，奇迹之城像穿上了一件雪白的棉袄一样。斑点狗独自走在空空的街道上，他感到很孤单，他多么希望有一个好朋友。

一只啄木鸟飞过，斑点狗对啄木鸟说：“你愿意和我做好朋友吗？”

啄木鸟指着自己的翅膀说：“你不会飞，我们怎么做朋友呢？”

斑点狗用手学着啄木鸟飞翔的样子，跳了几下，沮丧地低头继续往前走。

这时，他看见一只蜗牛慢吞吞地往前爬行着。他对蜗牛说：“你愿意和我做好朋友吗？”

蜗牛看了看他的脚说：“我只喜欢走得慢的朋友。”

斑点狗看了看自己的脚，比蜗牛的身体都要大好几倍，他失望极了，伤心地继续往前走。

忽然，有一只小松鼠跑了过来，说："斑点狗，你为什么不开心啊？"

斑点狗说："你愿意和我做好朋友吗？我请你吃骨头。"

小松鼠快乐地笑了，说："当然愿意啦！但我不爱吃骨头。"

"可是……"，斑点狗说，"我们怎么一起玩游戏呢？"

小松鼠领着斑点狗来到草地上。过了一会儿，从树上跳下来一只、两只、三只小松鼠，他们看上去长得一模一样。

小松鼠排好队。"猜猜看，谁是你刚才的那个新朋友！"小松鼠们一起说。

这个游戏真好玩，斑点狗开心地睁大眼睛，仔细地找啊找啊。

终于，斑点狗笑了，他指着一只小松鼠说："我找到你啦，因为你一直在看着我笑呢！"

嘿，斑点狗果然找对啦！

小松鼠高兴地跳过来，说："下一个游戏是谜语哦。在大树后面也有一只想找朋友的动物，猜猜他是谁？"

斑点狗的眼睛瞪得大大的，但他猜不出是谁。

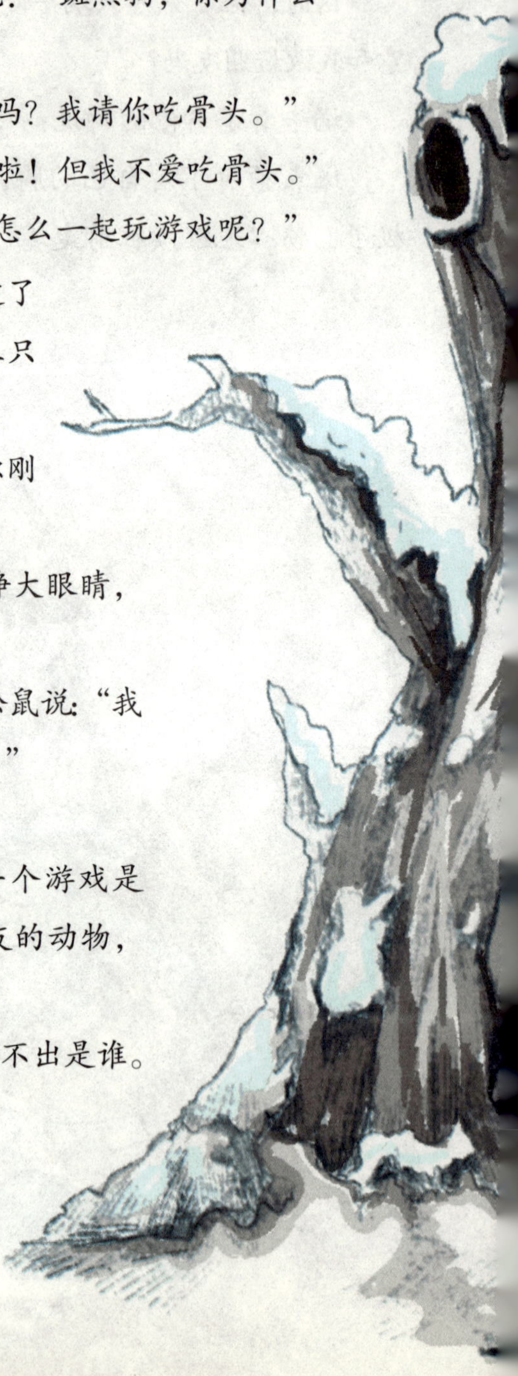

这时，其他的小松鼠都叫了起来：“他是一只小猴子！”“他也觉得很孤单呢！”“他也想找一个好朋友！”

小猴子笑着走了过来，斑点狗高兴地说：“你叫什么名字？住在哪里？我能和你做朋友吗？”

小猴子开心地说：“我叫芒克，住在奇迹之城的东边，我非常想和你做朋友！”

斑点狗终于找到好朋友了，他高兴地在雪地上蹦蹦跳跳，嘴里不停地说：“我找到朋友了！我找到朋友了！”

小朋友，啄木鸟和蜗牛为什么不和斑点狗做朋友呢？小松鼠爱吃骨头吗？斑点狗找到朋友了吗？

朋友的种类

斑点狗找到了朋友，你找到朋友了吗？你知道朋友有多少种吗？请将下面表示友情的词语与其中的含义连起来。

君子之交	幼年相交的朋友
一面之交	旧时结拜的兄弟、姐妹的交情
八拜之交	仅仅相识，但不甚了解
竹马之交	打破年龄、辈分的差异而结为好朋友
忘年之交	在道义上互相支持的朋友

芒克的魔术帽

分桃子

数学课上，山羊爷爷给大家出了一道题：有10个小朋友分7个桃子，怎么分最合适？

芒克说："把2个桃子扔进垃圾桶里，剩下5个桃子每人分半个。"

斑点狗说："不告诉多余的3个人，7个人偷偷分7个桃子，一人一个。"

山羊爷爷说"好好的桃子怎么能扔掉呢，偷偷分桃子是不是太自私了，桃子要大家一起分享嘛。"

“真是棒极了！”芒克从家里的柜子里翻出来一个旧魔术帽。他将自己打扮成了魔术师的样子，拿出了几个香蕉变来变去。

“芒克，在家干什么呢？”斑点狗来找他。

芒克将魔术帽赶紧藏了起来，吞吞吐吐地说：“没……没干什么呀！”

“看你的眼神就不对劲，是不是把美味的骨头藏起来了。”说着，斑点狗开始四处找。

“原来在这里！”芒克刚要伸手拦住他，但已经晚了。

“这个帽子真好看！”斑点狗戴在了头上。

芒克将帽子夺了过来说：“这可不是普通的帽子，不能随便戴。”

“这个帽子里面有宝物吗？”斑点狗好奇地问，但芒克始终不说。

听说芒克有个魔术帽，伙伴们都来看个究竟。

可是，芒克就是不愿意让大家看，整天不出门，在屋里研究着。有的伙伴说，那个魔术帽里一定有个自私的妖怪，不然芒克不会那么自私。也有的伙伴说，芒克一定在那个魔术帽里发现了宝物，不想让大家看。

几天过去了，芒克终于出门了。他将大家召集起来，为他们表演魔术。他穿上魔术服，戴上魔术帽。他将一个香蕉放在魔术帽里，却变出了很多香蕉。

“简直是太神奇了！”斑点狗吃惊地说。

芒克将一个松果放在里面，又变出了好多松果。

“好多松果呀，真是太棒了！”一只小松鼠惊叹道。

表演完，大家鼓起了热烈的掌声，芒克开心地说：“谢谢大家！我最近一直在努力成为一个魔术师，魔术帽里什么也没有，现在我将魔术帽给大家看看。”

又是一阵热烈的掌声，魔术帽在大家的手里传来传去，只是比普通的帽子看起来不一样而已。真是太奇妙了！

芒克的魔术帽是从哪里来的？魔术帽和普通的帽子相比，有什么不同？你觉得芒克自私吗？

“自私”成语知多少

大家都以为芒克很自私，原来芒克只是想给大家表演一场精彩的魔术。

请在下面的括号里填上恰当的字，组成与自私有关的成语。

见（ ）忘（ ）	损（ ）利（ ）	一（ ）不（ ）
锱（ ）必（ ）	斤（ ）计（ ）	小（ ）鸡（ ）
假（ ）济（ ）	自（ ）自（ ）	有（ ）无（ ）

春天里的计划

长大后做什么

一天，伙伴们聚集在一起谈自己的理想。他们发言很积极，有的说长大后想当航海家，有的说想当宇航员，有的说想当旅行家，有的说想当植物学家，有的说想当店长。

“斑点狗，你长大后想干什么？”芒克问。

斑点狗想了想说：“如果我长大以后是个女的，就去当医生；如果长大了是个男的，就去当工程师。”

春天快来了，奇迹之城的伙伴们开始忙碌起来，他们在春天里都有自己的计划。

斑点狗为他的春天准备了蚕豆种子、番茄种子、南瓜种子、胡萝卜种子、向日葵种子。“这个春天我将做一只勤劳的斑点狗，我要在菜园里种上这些种子。等到夏天的时候，我的菜园里会长出很多鲜美的蔬菜。等到秋天的时候，我会收获金黄的南瓜、美味的豆子。我将邀请伙伴们来品尝美味的蔬菜汤和好吃的豆子。”斑点狗想象着他的美丽菜园。

伍迪开始为他的春天练习唱歌。“这个春天我将不再做任性的小老鼠。我要多交朋友，和他们分享我快乐和不快乐的事情。我会热心帮斑点狗除草、帮芒克摘香蕉、帮卡尔修凳子……晚上，我要烤一个大大的蛋糕来招待他们，给他们唱好听的歌，和他们共度美好时光。”

卡尔开始为他的春天准备了木料、油漆还有画笔。“这个春天我将装修我的屋子。我要把墙壁漆成蓝色，地板漆成黄色，再挂上绿色的、有向日葵图案的窗帘。等装修好后，我要邀请伙伴们来家里做客，和他们一起喝果汁。”

米莉开始为她的春天准备了一个画架和一盒彩笔。“我要背着画架去画画，把美丽的春天画下来，送给伙伴们。我还要和他们一起去放风筝、野餐。”

芒克在家干什么呢？哦，原来他为他的春天准备了铅笔和本子。“我要将小伙伴们对春天的计划记录下来，等到春天的时候读给他们听。我还要把我们之间有趣的事情记下来，做成故事书，再拍点照片贴在上面。啊，那一定有趣极了！”

斑点狗为他的春天准备了什么？谁要准备做一个大蛋糕和大家分享？谁打算把这些故事记录下来呢？

找“计划”

奇迹之城的伙伴们都有自己的计划，并打算与大家一起分享。你的计划有哪些呢？找出与计划有关的成语，并在括号后面打“√”。

深谋远虑（ ）	百年大计（ ）	舍近求远（ ）
不经之谈（ ）	精打细算（ ）	异想天开（ ）
宏图大志（ ）	一鼓作气（ ）	心满意足（ ）
埋头苦干（ ）	刮目相看（ ）	刻意经营（ ）

自行车比赛

学骑自行车

山羊爷爷向斑点狗的爸爸反映，说斑点狗学习成绩很差。于是，爸爸想了一个办法，他对斑点狗说："如果学得好，我就给你买辆自行车。"

"好啊！"斑点狗满怀信心地说，"我保证学得很好！"

结果，下次考试斑点狗的成绩比上次还差。

爸爸问："斑点狗，为什么这次成绩更差了，这些日子你究竟在干些什么？"

斑点狗回答："我在学骑自行车呀！"

今天，奇迹之城里要举行自行车比赛，一大早，大家都聚集在街道上，可热闹了。

“自行车比赛现在开始，请各位选手做好准备。”山羊爷爷开始广播了。

斑点狗、伍迪、芒克、杰克都已做好了准备，卡尔和米莉在一旁为他们加油。

随着山羊爷爷的一声令下，选手们出发了。

他们骑车穿过了街道，道路两旁的人们为他们欢呼加油。

没过多久，他们的距离就拉开了。伍迪和芒克在后面，斑点狗和杰克在最前面，比赛正紧张地进行着。

他们来到了一个上坡道上，芒克的自行车上不去了，伍迪的小自行车却跑得更快了。伍迪超过了芒克，而斑点狗和杰克不相上下，仍然遥遥领先。斑点狗和杰克翻过上坡道，来到了下坡道。斑点狗感觉自己像小鸟一样，自由地飞起来了。

“哈哈！感觉棒极了！”斑点狗高兴地说。

“真是太美了！”杰克笑着说。

“嗨，杰克，加油！翻过前面的上坡道，再穿过一条街道就到终点了。”斑点狗为杰克喊着加油。

杰克自信地说：“那就看谁先到了！”说着，他加快了骑自行车的速度。

最后，斑点狗和杰克来到了一条比较窄的街道上，人们在道路两旁热烈欢迎着他们，而芒克和伍迪远远落在了最后。

此时，杰克在斑点狗前面了，斑点狗也加快了速度。对于斑点狗来说，这段路程就是小菜一碟，自行车可是他的最爱。

“呀！不好！”杰克紧急刹车了，前方有个拐角。

趁着杰克拐弯的空隙，斑点狗占了上风，他熟悉路况，很顺利地拐了进去，并加快了速度。

“加油，加油！”大家都为他们喊着加油。

还有不到200米的距离，大家屏住呼吸，斑点狗以最快的速度冲过了终点，杰克也紧随其后。大家都狂欢了起来，他们上前抱住了斑点狗和杰克。斑点狗赢得了比赛的第一名，山羊爷爷为他颁发了奖杯。斑点狗开心极了！

卡尔有没有参加自行车比赛？谁赢得了比赛的第一名？杰克得了第几名？

不同的运动

运动不仅对小朋友的身心健康有益，而且可以收获友谊。斑点狗喜欢骑自行车，你喜欢什么运动呢？

找出与下面成语相关的运动项目，并填写在后面的括号里。

射箭　武术　棋牌类　剑术　长跑　高低杠

健步如飞——（　）　百步穿杨——（　）　闻鸡起舞——（　）

舞枪弄棒——（　）　上下翻飞——（　）　棋逢对手——（　）

找宝藏

塑料瓶可不是东西

一天，斑点狗和伙伴们在小溪边玩。斑点狗随手将一个塑料瓶扔进了小溪里。米莉看不过去了，说：“斑点狗，山羊爷爷说过，不可以往小溪里乱丢东西！”

斑点狗辩解道：“‘东西’？我没丢啊！我哪里有‘东西’？只不过是一个塑料瓶而已。”

“斑点狗，奇迹之城里有宝藏。”芒克手里拿着一幅地图说。

“什么？宝藏？在哪里？”斑点狗好奇地看着。

“快看！这里有个宝藏的标志。”芒克神秘地说。

斑点狗和芒克来找伍迪，他们三个打算去找宝藏。这时，卡尔和米莉也来了，加入到了他们的队伍里。很快，他们来到了地图上标有宝藏所处的位置。

“这是奇迹之城的泉水啊！哪里有什么宝藏？”斑点狗找了一圈说。

“说不定在附近呢。”芒克开始在泉水的周围四处找。

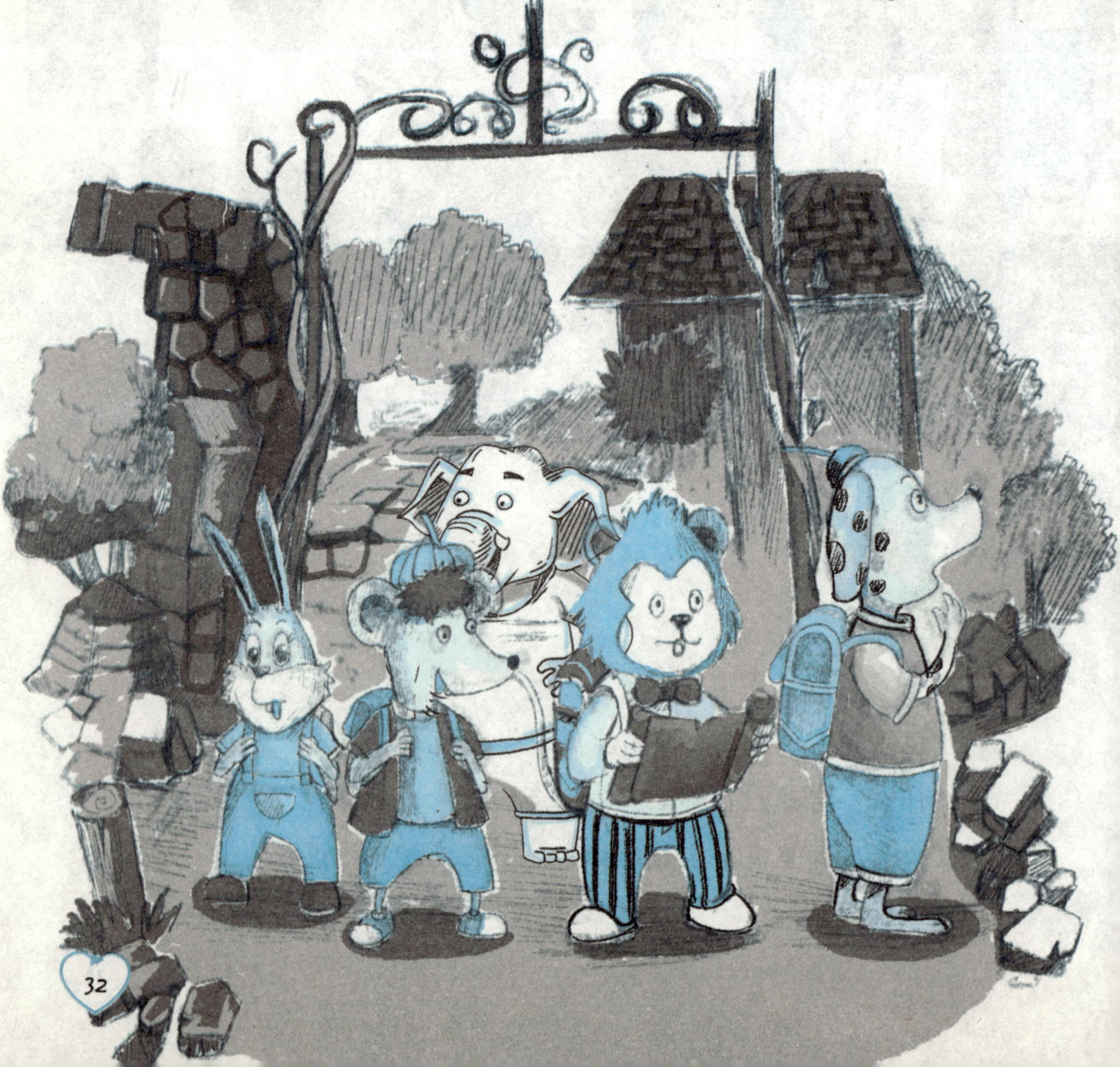

“呀！这里有宝藏！我发现宝藏啦！”伍迪从草丛里拿出了一个罐子。

“哇，快打开来看看！”卡尔笑着说。

“慢着，如果里面有妖怪怎么办？”米莉担心地说。

他们将罐子放在了地上，谁也不敢打开盖子。

“万一有妖怪，咱们就赶紧逃跑。”斑点狗做出一个逃跑的姿势。

“可是，我……跑不快。”伍迪有点犹豫。

“那你就坐在我的鼻子上。”卡尔笑着说。

“这个罐子好新啊，根本不像宝藏。”斑点狗仔细地看了看。

“啊，这个罐子是山羊爷爷的。你看，上面还有山羊爷爷的名字。”芒克指着罐子下面的字说。

“哈哈，孩子们，真是太感谢你们了！你们替我找到了罐子！”山羊爷爷笑呵呵地走了过来。

“山羊爷爷，我们是来找宝藏的，就发现了这个罐子。”米莉说。

“原来是这样啊！这个罐子可不是宝藏，早晨来取水的时候，我不小心弄丢了，已经找了半天了，居然在这里。”

芒克将罐子还给了山羊爷爷，山羊爷爷打开盖子，从里面拿出了一包花生分给了他们。

“花生真好吃！”伍迪吃得津津有味。

“山羊爷爷，这个地图上画的宝藏是什么？”斑点狗将地图拿给山羊爷爷。

“孩子们，这泉水就是奇迹之城的宝藏啊！瞧，泉水多清澈，

它养育了世世代代的奇迹之城的人呢！你们一定要好好保护，不能让它受到污染，如果水被污染了，奇迹之城里的人们可就没水喝了！”山羊爷爷表情严肃地说着。

“原来，泉水就是宝藏啊！”米莉好像明白了什么。

“我们会保护好它的！”斑点狗和芒克点了点头。

他们找到宝藏了吗？罐子里有妖怪吗？宝藏是什么呢？

环保小卫士

奇迹之城里的小伙伴们都是保护环境的好孩子。如果你是一名环保小卫士，你会选择下列哪些成语呼吁人们保护地球？请将答案填写在后面的横线上。

乌烟瘴气　山清水秀　臭气熏天　鸟语花香　寸草不生

清澈见底　竭泽而渔　绿树成荫　千疮百痍　覆水难收

天人合一　大兴土木　任重道远　焚林而田　百花齐放

与环境保护有关的成语：____

____

去郊游

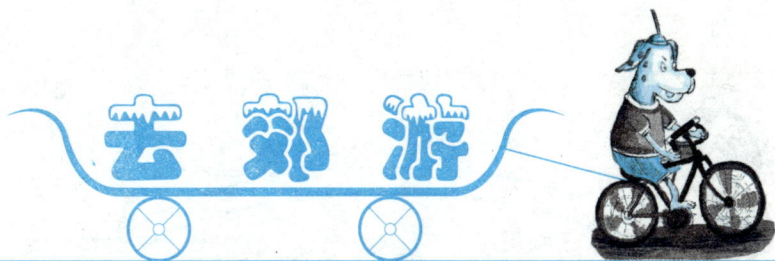

春游

春天到了，山羊爷爷组织大家到西山春游，这一次，斑点狗没有迟到。山羊爷爷要求大家注意安全，1小时后集合。

时间很快过去了，山羊爷爷说：“孩子们，把你们的收获展示一下。”

芒克说：“我认识了一只漂亮的蝴蝶！”

伍迪说：“山羊爷爷，我找到了一棵大树，可高了！”

米莉说：“我采了一篮子蘑菇！”

大家七嘴八舌地谈论着自己的收获，只有斑点狗低着头一句话也没说。山羊爷爷问：“斑点狗，你采到了什么呀？”

“我，我被蜜蜂采到了，长出两个包！”斑点狗皱着眉说。

春天来了，山羊爷爷要带着孩子们去郊游了。

早上，阳光明媚。芒克和卡尔早早到了集合地点，山羊爷爷已经在这里等着他们了。过了一会儿，伍迪和米莉也来了，可是却始终不见斑点狗的踪影。

“斑点狗怎么还不来？”芒克有点着急了。

“他会不会走错路了？”卡尔担心地说。

“不知道，我出门的时候没看见他。”伍迪摇摇头说。

太阳已经升得很高了，山羊爷爷终于等不下去了，他们高高兴兴地唱着歌出发了。

这时的斑点狗还躺在被窝里做美梦呢，他早就忘记去郊游这回事了。听到有人敲门，斑点狗迷迷糊糊地说："谁啊？是来抢我的骨头吗？"原来，他梦见了美味的骨头。

“斑点狗，大家都在等你呢！”袋鼠妈妈着急地说。

“等我做什么？”

“山羊爷爷带你们去郊游啊！”

“啊！怎么没人叫我呢！”

斑点狗一下子清醒了过来，箭一般地拿了包就跑了。他气喘吁吁地跑到集合地点，一个人也没有了。他难过地说：“怎么没人等我呢？”

斑点狗垂头丧气地来到了袋鼠妈妈的花店，伤心地说："袋鼠妈妈，他们都不等我。"

袋鼠妈妈笑了笑说："他们等了你好长时间才出发的，下次可不能迟到了"。

"我要去放风筝，和他们玩游戏，可是，这些都不能做了。"斑点狗自言自语着。

他们要去干什么？大家集合的时候，斑点狗在做什么？斑点狗有没有和大家一起去呢？

争做守时小达人

斑点狗贪睡，睡过了头，也错过了和大家出去玩的机会，一寸光阴一寸金，小朋友要珍惜时间哦！

请将下面表示珍惜时间的谚语填充完整。

一寸光阴一寸金，（　　　　　　）。

（　　　　　　），老大徒伤悲。

一年之计在于春，（　　　　　　）。

清晨不起早，误一天的事；（　　　　　　），（　　　　　　）。

少年不知勤学苦，（　　　　　　）。

斑点狗帮帮我

我想帮助她

斑点狗跟爸妈外出春游，一眨眼的工夫，他就没了踪影。正在爸妈着急寻找时，他跑跑跳跳地回来了。

没等妈妈开口责备，斑点狗抢先说：“妈妈，公园那边有个可怜的山羊奶奶，我想帮助她。”

妈妈一看儿子这么有爱心，怒气一下便消了，说：“我儿子真有爱心，就给这位山羊奶奶 10 块钱吧！咦，你什么时候买了香肠？”

“刚刚买的，这位山羊奶奶就是卖香肠的！”斑点狗调皮地冲妈妈眨着眼睛。

《道格的故事》真好看！斑点狗看了一会儿《道格的故事》，决定骑自行车去奇迹之城里转转。

斑点狗出发了，他慢悠悠地骑着自行车，有时停下来会用望远镜看看远处的风景。他经过米莉家门口，米莉正在提水浇花。

“斑点狗，帮帮我！”米莉一边提水，一边喊着。原来，米莉的水桶太重了。斑点狗放下自行车，飞快地跑了过去。他的力气很大，一会儿就帮米莉浇完了花。米莉感激地说了一声“谢谢！”

斑点狗笑了。

斑点狗骑车经过卡尔家，卡尔正站在梯子上修屋顶，可是自己却下不来了。

“斑点狗，帮帮我！”卡尔看见斑点狗呼喊着。

斑点狗跑了过去，将卡尔小心地从梯子上扶了下来。卡尔拍拍自己的胸口说：“梯子太高了，你真帮了我的大忙了，谢谢你，斑点狗！”

斑点狗笑了笑，说：“没什么！”

斑点狗经过袋鼠妈妈的花店，袋鼠妈妈怀里抱着几个花盆，有两个花盆快要掉到地上了。袋鼠妈妈着急地说："斑点狗，帮帮我！"

斑点狗上前接住了花盆。他把花盆递给了袋鼠妈妈，袋鼠妈妈感激地说："斑点狗，真是太感谢你了！"斑点狗笑了笑。

斑点狗来到了芒克家，芒克正在修凳子。“嗨，斑点狗，帮帮我！”芒克抬起了凳子的一角。斑点狗帮芒克一起修了起来，很快，凳子就修好了。芒克高兴地说：“你真是帮了我的大忙了，谢谢你，斑点狗！”

斑点狗看见大家都在忙自己的事情，他来到山羊爷爷家的屋顶，拿着望远镜看着远处的夕阳。夕阳中的奇迹之城美丽极了！夕阳的余晖将屋顶染成了金色，连街道也泛着金色的光。太美了！斑点狗入迷地看着。

“嗨，助人为乐的斑点狗，你在这里呢。”芒克和卡尔来了。

“斑点狗，这是袋鼠妈妈让我带给你的，瞧！”山羊爷爷将一包豆子递给了斑点狗。

斑点狗开心极了，他迫不及待地打开，拿出了一颗放在嘴里吃起来，又回头看了看大家，不好意思地笑了。他们一起一边吃豆子，一边看着美丽的夕阳。

斑点狗经过米莉家门口时，米莉在干什么？斑点狗帮了袋鼠妈妈什么忙？斑点狗去找芒克的时候，芒克在干什么？

与帮忙相关的成语

斑点狗真是大家的好帮手。当伙伴们需要你帮助时，你会伸出援手吗？

下面是有关帮助的成语，请选择恰当的词将它们补充完整。

不 己 抱 乐 献 反 刀 囊 炭 富 求

舍（ ）为人 助人为（ ） 雪中送（ ） 劫（ ）济贫

慷慨解（ ） 拔（ ）相助 义（ ）容辞 义无（ ）顾

有（ ）必应 打（ ）不平 出谋（ ）策

打雪仗

最难忘的事

猫头鹰老师决定今天的语文课让学生来讲，每个同学说一件自己冬天里最难忘的事。

为了启发同学们，猫头鹰老师先讲了自己小时候是怎么过冬天的，然后再让学生说。猫头鹰老师走到芒克面前，问："芒克，最近下雪了，你最难忘的事是什么？"

芒克自豪地说："我最难忘的事就是——我学会了滑冰！"

猫头鹰老师又转向斑点狗，问："斑点狗，那你呢？"

斑点狗一脸坏笑，说："我最难忘的事就是看芒克学滑冰，我数了一下，他总共摔了六十多个跟头。"

下雪了。奇迹之城被雪覆盖着，迷人极了。斑点狗喜欢雪，他开心地在雪地上一边跳，一边唱。伍迪来了，他拿了一个雪球，打在了斑点狗的尾巴上，斑点狗咯咯地笑了。斑点狗也捏了一个雪球，打在了伍迪的脚上，伍迪咯咯地笑了。

“快闪开！快闪开！”卡尔紧张地提醒着。

伍迪回头一看，一个大雪球朝他滚来，他撒腿就跑，一边跑一边求救。忽然，伍迪的前方出现了一个斜坡，这可把伍迪吓坏了，他直冲了下去，雪球也滚了下来。但是，雪球的速度更快了，快追上伍迪了。

斑点狗着急地大喊：“伍迪，往左跑！”

可是，雪球好像黏上了伍迪似的。伍迪往左跑，雪球也跟着往左跑。

“斑点狗，接滑雪板！”原来是芒克。芒克将滑雪板扔给了斑点狗，斑点狗一边跑，一边踩在了滑雪板上，这下快多了。很快，斑点狗追上了雪球，冲向伍迪，他把手递给伍迪，伍迪怎么也够不到。伍迪试了好几次，终于成功了。此时，雪球正好从另一侧滚了下去。

伍迪抱着斑点狗的腿，看了看前面说："小心啊！斑点狗！"

已经来不及了，前方有棵树，他们直接撞了上去。滑雪板撞没了，斑点狗和伍迪也栽了个大跟头。

"太惊险了！"芒克和卡尔走了过来，将他们从雪中拉了出来。

"芒克，你的滑雪板太好玩了！"斑点狗和伍迪咯咯地笑了。

斑点狗和伍迪在玩什么？雪球有没有撞倒伍迪？滑雪板是谁的？

斑点狗的快乐

斑点狗与朋友相处有很多种不同的心情，根据下列表示感情色彩的不同，把表示心情愉悦的成语与开心的斑点狗连起来，把表示情绪低落的成语与伤心的斑点狗连起来。

兴高采烈		手舞足蹈
闷闷不乐		欲哭无泪
心花怒放		如沐春风
眉开眼笑		无精打采
垂头丧气		

斑点狗和伍迪旅行记

机候半年

斑点狗跟爸妈外出旅行。

在候机大厅的酒吧里，遇到了爸爸的同事猫先生。临登机时，斑点狗对猫先生说：“再见，猫叔叔。”

半年后，在同一个机场，同一个酒吧里，斑点狗又碰见了猫先生，他顿时惊奇地喊道：“天呀！您在这儿等了半年的飞机吗？”

有一天，伍迪觉得自己长大了，想自己去旅行，于是他背上包出发了。

“伍迪，你要去哪里？”斑点狗看见了他。

“我要在奇迹之城里旅行。”伍迪一边走一边说。

“这个主意不错啊！我能和你一起去吗？”斑点狗也想去。

“好呀！”伍迪笑着说。

一开始，伍迪非常高兴，他觉得一切都很新鲜。“这里是袋鼠妈妈的家，那里是古董店，那边是书屋……”伍迪虽然生活在这里，但对周围的一切仿佛重新认识了一遍，而一旁的斑点狗却不说话，只是用笔在纸上写着。

“斑点狗，你在干什么？”

“哦，我把遇到的新鲜事记下来。”

“有什么新鲜事吗？”

“瞧，那边的槐树开花了。山羊爷爷种的向日葵开花了，卡尔的房子刷成了黄色……”

斑点狗给伍迪一一介绍着。他们穿过了几条街道，离家越来越远。伍迪累了，走不动了，斑点狗只好背着他继续走。

伍迪趴在斑点狗的背上不停地说：“芒克不知道在做什么？我想吃他的香蕉。”“我想吃袋鼠妈妈做的蛋糕了。”最后伍迪坐在草地上再也不肯走了，他哭丧着脸对斑点狗说自己想回家了。斑点狗说：“现在旅行结束了，咱们回去吧。”他们又慢慢返回了。

快到家的时候，伍迪从斑点狗的身上下来了，跑在前头，朝家的方向飞奔。袋鼠妈妈邀请他们去吃面包，伍迪高兴极了。原来，伙伴们都在呢，他和斑点狗气喘吁吁地走了进去。

伍迪兴奋地告诉大家：“奇迹之城太大了，我去了古董屋，经过了图书馆，哦，还有植物馆！”

大家都笑了，斑点狗笑着说：“当然，都是我背着他去看的。”

伍迪不好意思地笑了笑，咬了一大口面包，大家都乐了。

伍迪打算去哪里旅行？伍迪看到了什么风景？一路上，斑点狗有没有背着伍迪？

斑点狗的快乐

斑点狗和朋友们要去旅行了，他们都去了哪些地方呢？填填空你就知道了。

见多识（　）　（　）山再起

气壮山（　）　（　）辕北辙

低三下（　）　（　）流不息

源远流（　）　（　）里淘金

人云亦（　）　（　）腔北调

心心相（　）　（　）日如年

饱食终（　）　（　）末倒置

陪你一起看星星

满头星星

自从猫头鹰老师组织同学们去参观了一次天文馆后，斑点狗、芒克、卡尔就喜欢上看星星了，他们经常聊一些跟星星有关的话题。在一次班会上，猫头鹰老师让大家谈谈自己的理想，长大后想做个什么样的人。

芒克站起来说："我长大以后要当天文学家，这样就可以每天看星星了。"

芒克还没说完，卡尔等不及了说："我长大以后想做宇航员，可以到宇宙去看更多的星星。"

猫头鹰老师问："斑点狗，你长大后想当什么呀？"

"我长大以后想当爸爸。"斑点狗说。

全班同学"哄"的一声笑了。

猫头鹰老师说："说说你想当爸爸的原因。"

"因为每次我考试成绩不好，爸爸就把我揍得满头星星。"斑点狗说。

星星出来了，奇迹之城里的夜色静美极了，街道上的灯光星星点点。睡觉还早，于是斑点狗坐在院子里看星星。斑点狗心想："看来大家都已经睡着了，可是，这么漂亮的星星，他们怎么都不看呢？"

斑点狗拿出口琴吹了起来，他轻轻地吹着，口琴声轻轻地回荡在奇迹之城里，好像只有星星在听他吹口琴。

躺在床上的伍迪被美妙的口琴声吸引了。“这是谁在吹口琴？好好听啊！”伍迪跟着声音走了出来。这时，他看见了芒克。

“芒克，是你在吹口琴吗？”伍迪向四周看了看说。

“没有呀！我也是跟着口琴的声音走到这里的。”芒克一边找一边说。

他们跟着声音继续走着，来到卡尔家门口。

“卡尔，是你在吹口琴吗？”伍迪问。

“没有，我正要去找声音呢。”卡尔摇摇头说。

卡尔也跟着他俩继续追寻口琴的声音，这时，米莉走了过来。

“我刚才听到了口琴的声音，是你们吹的吗？很好听！”米莉笑着说。

“不是，我们跟着声音找到这里来的。”伍迪说。

他们继续跟着口琴声走着，一直来到斑点狗家门口。

砰砰砰！有人敲门。斑点狗打开了门，伙伴们都站在门口，斑点狗高兴地说：“你们都还没有睡吗？”

“斑点狗，是你在吹口琴吗？很好听耶！”伍迪看着斑点狗手里的口琴说。

斑点狗摸摸头笑着说："其实，我是想请你们看星星。"

斑点狗把伙伴们邀请了进来。

"哇，好漂亮的星星！"伙伴们抬头看了看，异口同声地说。

“斑点狗，以后我们每天晚上来你家看星星，听你吹口琴。”伍迪笑着说。

“好呀好呀！”斑点狗高兴地说。

伍迪睡着了吗？是谁在吹口琴？斑点狗想请大家做什么？

猜谜语

斑点狗也希望有朋友的陪伴，他打算请大家一起看星星。你有没有这样的想法呢？

下面是一个谜语，请你猜一猜吧。

千颗星，万颗星，满天星星属它亮。

有它给你指方向，夜里航行不借灯。

谜底：（　　　）

忘记老朋友

不一样的“老朋友”

最近，斑点狗好几天都没有找芒克玩了。芒克觉得奇怪，就去找斑点狗。这时，他看见斑点狗正在和一个新朋友玩呢，于是问：“斑点狗，你怎么不找我玩了？”

“我有新朋友了呀！”斑点狗辩解道。

“可你不能有了新朋友就忘了老朋友啊！”芒克有点生气。

“我没有忘记啊！过几天我就去看山羊爷爷。”

春节快到了。奇迹之城里的人们忙碌着，红红的灯笼挂满了整条街道，特别热闹。斑点狗想邀请伙伴们去他家过春节，他穿着厚厚的衣服来到芒克家，但芒克有事出去了。

他来到卡尔家。卡尔正在做贺卡。斑点狗看着精美的贺卡，说："卡尔你打算送给谁呢？""送给我新交的一个朋友。"卡尔高兴地说。

斑点狗心想："芒克不在家，肯定是和新朋友去玩了。"斑点狗悄悄走了出来。

他来到伍迪家。伍迪也正围着火炉制作贺卡呢。

斑点狗出来了，他慢悠悠地走在街道上。雪花飘在了斑点狗的手上，他看着手里的雪花，说：“我的朋友们都在给新朋友写贺卡，他们早把我忘了。其实，我想邀请他们去我家过春节。”

斑点狗回到家，坐在火炉旁看《道格的故事》，书里的道格也是一只斑点狗，道格正在和他的好朋友们一起过春节呢。斑点狗看着窗外，想象着他和朋友们在家过春节的情景。

门铃响了。斑点狗打开门，一张贺卡被递了进来。

“斑点狗，这是送给你的贺卡。”芒克、卡尔、伍迪都来了。他们每个人手里都拿着一张贺卡。

“你们不是都有新朋友了吗？贺卡不是打算送给他们的吗？”斑点狗疑惑地问。

“可是，我们也不能忘了老朋友啊！”芒克一边将贺卡放在斑点狗手里，一边说。

“对呀！我们今年还是在你家过春节吧。”伍迪蹦蹦跳跳地说。

“好呀！好呀！我要围着炉火烤豆子。”卡尔舔着嘴巴说。

斑点狗开心地笑了。

斑点狗去找芒克，芒克在家吗？斑点狗去找伍迪，伍迪在忙什么呢？斑点狗收到贺卡了吗？

珍惜友情

斑点狗是大家的老朋友了，他原以为大家都忘了他，可伙伴们并没有忘记他。

请将下列表示朋友之间真诚友谊的诗句补充完整。

（1）海内存知己，________________________。

（2）________________________，知心能几人。

（3）同是天涯沦落人，________________________。

（4）________________________，西出阳关无故人。

（5）________________________，天下谁人不识君。

（6）孤帆远影碧空尽，________________________。

伍迪
不喜欢冬天

分西瓜

炎热的夏天到了。山羊爷爷请大家吃西瓜，他指着一个大西瓜，给大家出了一道题："这个大西瓜需要把它平分给五个人，怎么分好呢？"

伙伴们有的歪着脑袋想，有的在地上画，只有斑点狗在东张西望。

"斑点狗，你说说怎么分？"山羊爷爷问。

"这还不简单，把它榨成西瓜汁就是了嘛！"斑点狗回答道。

一个冬日的早晨，当伍迪推开窗户的时候，眼前的一切让他惊呆了。院子里像铺了一层厚厚的白地毯、屋顶像戴着一顶白帽子、大树像穿着一件白棉袄，漫天飞舞着雪花！

“又下雪了！”伍迪叹气地说。

伍迪不喜欢下雪，他觉得太冷了，只能待在家里。他关上窗户，在火塘里加了一些柴，吃起早饭来。

可是，下雪对于斑点狗来说，是一件特别好玩的事情。斑点狗喜欢下雪，他喜欢打雪仗、堆雪人，更喜欢冬天的寒冷。四个季节，好像没有他不喜欢的。

“伍迪？你在家吗？”斑点狗来找伍迪。

“哦，斑点狗呀！”伍迪打开了门，把斑点狗邀请了进来。

“咱们出去堆雪人吧！”斑点狗高兴地说。

“堆……雪人？太冷了！”伍迪支支吾吾地说。

“不冷，你看，我都出汗了。”斑点狗擦了擦额头的汗说。

“可是，我不喜欢下雪！”伍迪看了一眼窗外。

“走吧，走吧，外面可好玩了！”斑点狗将伍迪拉了出来。

一滴雪花落在了伍迪的手上，伍迪盯着雪花，看着看着，雪花融化了，变成了一滴小水珠。

“咦，雪花怎么没了？到哪里去了呢？”伍迪很吃惊地自言自语。

“雪融化了！咱们去抓雪吧！”斑点狗笑着说。

伍迪看着漫天飞舞的雪花，欢快地跳了起来。他一边跳，一边用手在空中抓雪，他把抓到的雪放在了手心里。

“你们在干什么呢？”芒克走了过来。

“我们在抓雪呀！”伍迪蹦蹦跳跳地说。

“芒克，快来抓雪吧！”斑点狗跑了过来。

他们一会儿打雪仗、一会儿堆雪人，玩得特别开心。伍迪浑身是汗，笑着对斑点狗说："斑点狗，真的不冷了！我喜欢下雪！"

伍迪以前为什么不喜欢冬天？斑点狗喜欢冬天吗？伍迪和伙伴们玩得开心吗？

四季画卷

伍迪怕冷，所以他不喜欢冬天。可是，斑点狗却很喜欢，冬天可以打雪仗、滑雪橇，还可以堆雪人。一年四季多么美丽！

以下成语是描写哪个季节的？请把与它们对应的季节用线连起来。

骄阳似火　银装素裹　金风送爽　鸟语花香

春天　　秋天　　夏天　　冬天

米莉生病了

捐爸爸还是捐妈妈

自习课上，猫头鹰老师走进教室对大家说："同学们，鹦鹉同学家里比较困难。我们应不应该帮助他呢？"

同学们异口同声地回答："应该！"

"那好，我们一个个来好吗？"猫头鹰老师说，"老师先捐50元。"

同学们立刻你10元、我5元地捐出了自己的零花钱。只有斑点狗坐着一动不动，像是在想什么心事。

猫头鹰老师问："斑点狗，你不想帮助同学吗？"

"不是，不是，"斑点狗一着急不知该怎么说，"我，我在想，是捐个爸爸给他好呢，还是捐个妈妈好？"

春天来了！奇迹之城的伙伴们在草地上开心地玩耍着。斑点狗在看《道格的故事》，芒克在放风筝，伍迪在晒太阳，卡尔在吃苹果。米莉最喜欢春天了，每年这个时候，她都会画画。今年是怎么回事呢？米莉去哪儿了？

“斑点狗，你看见米莉了吗？”伍迪说。

“没有啊！”斑点狗四处看了看说。

“咱们去找她吧！”卡尔吃了一口苹果说道。

他们来到了米莉家。原来，米莉感冒了。他们请来了山羊爷爷，山羊爷爷说："别担心，米莉只是有点轻微感冒，吃点药，好好休息，很快就好了！"

听见山羊爷爷这样说，大家都放心了。斑点狗回家专门给米莉烤了美味的豆子，伍迪将自己最爱的画笔送给了米莉，卡尔拿来了可口的面包，芒克带来了一把吉他。

芒克弹吉他，卡尔唱歌，大家为米莉送上了一首轻快的歌曲。

“谢谢你们！”米莉感动极了。

“亲爱的伙伴们，米莉需要多休息，我们明天再给她唱吧！”斑点狗示意大家离开。

第二天，他们又来看米莉了，米莉好多了。

在伙伴们的陪伴下，米莉的感冒很快就好了，她送给每个小伙伴们一幅画。

“我的个子好高呀！”伍迪拿着画给斑点狗看。

“哇，我简直太酷了！瞧，米莉把我画得真像。”斑点狗仔细地打量着。

“哈哈！我抱吉他的样子也不错哦！”芒克笑着说。

“看，我的鼻子多好看！”卡尔开心地笑了。

没过几天，米莉完全好了，她和伙伴们又一起出去玩了。

米莉为什么没有和伙伴们一起玩？斑点狗给米莉送了什么？伙伴们为米莉准备了什么节目？

关爱他人

米莉生病了，大家都去看她，她心里温暖极了。当你的朋友生病时，你是怎样关心他们的？

下面表示关爱他人的成语有哪些？填写在下面的横线上。

谢天谢地　嘘寒问暖　畅所欲言　强词夺理

体贴入微　壮志凌云　无微不至　关怀备至

____

爱欺负人的杰克

霸道的斑点狗

刚上小学一年级的斑点狗，经常弄丢文具。

于是妈妈买了许多自粘标签，把他的东西全贴上名字并一本正经地告诉他："贴了你名字的东西，就是你的。以后你的东西就不容易弄丢了，即便丢了，别人捡到也会还给你的。"

斑点狗连忙写了一张标签，贴在妈妈额头上，并向爸爸宣布："以后妈妈是我的了，不许你来抢！"

杰克的个子高，力气大。奇迹之城里的人们都不喜欢杰克，因为他总爱欺负人。瞧，伍迪被他一推，摔了个大跟头；芒克被他一撞，趴在了地上。杰克要求斑点狗给他让路，斑点狗不服气地说："路是大家的，凭什么要我让给你！"

杰克得意地说："谁叫我的力气大呢！"

自那以后，没有人愿意和杰克一起玩，伙伴们去放风筝也不会叫他，郊游的时候也没有他的份儿。

转眼，雨季到了，几乎每天都在下雨。

斑点狗邀请了小伙伴们去他家烤豆子吃，他们一边吃着美味的豆子，一边开心地聊天。

他们忽然发现，自从下雨之后就再也没有看见过杰克了。

斑点狗剥了一颗豆子放在嘴里说："杰克会不会生病了？"

"不会，不会，他的身体很强壮。"伍迪说，"他可能在家自己玩呢。"

"啊，我知道了！"芒克想了想说，"最近一直在下雨，他没有雨伞，不能出来玩！"

斑点狗拿出了自己的雨伞，说："咱们给杰克送一把雨伞吧！"

"杰克比我的个子高，比我壮，你的伞太小了。"卡尔说。

“那就把咱们的伞装在一起，做一把大伞送给杰克。”斑点狗建议着说。

他们来到杰克家门前，放下手里的东西，悄悄离开了。

第二天早上，杰克打开门，门前放着一把特大的雨伞！杰克试了试，大小正好，他高兴地打着伞走出了门。可是，他突然伤心起来。他明白这把伞是斑点狗和伙伴们一起制作的，因为上面还有香喷喷的豆子味。

杰克打着伞来到了斑点狗家门口，轻轻地敲了敲门，门开了，大家都目瞪口呆地看着他。杰克低着头小声地说："谢谢你们！以前都是我不对，请你们原谅。"

斑点狗惊讶地说："没关系……不过，我们在吃豆子，美味极了，你要不要来尝尝？"

杰克高兴地走了进去。窗户外面下着雨，杰克和伙伴们一起吃着美味的豆子。

伙伴们为什么不喜欢杰克？下雨的那几天里，杰克去哪里了？杰克的雨伞是怎么来的？

“英雄”和“坏人”

以前的杰克很霸道，没有人愿意和他做朋友，他总是孤单一人。渐渐地，杰克改变了，他不再欺负人、不再霸道，很受大家的欢迎，现在大家都愿意和他做朋友了。

下列成语哪些体现了“英雄”呢？哪些又体现了“坏人”呢？

一身正气　道貌岸然　忘恩负义　临危不惧　穷凶极恶

丧心病狂　堂堂正正　大智大勇　心怀叵测　光明磊落

英雄：____

坏人：____

伍迪的烦恼

自寻烦恼

语文课上，猫头鹰老师说：“斑点狗，你能解释一下‘自寻烦恼’这个词是什么意思吗？”

斑点狗一本正经地说：“我认为如果一个人不会回答问题，又要在课堂上举手，这就是‘自寻烦恼’。”

秋天到了，奇迹之城里的玉米熟了、苹果熟了、南瓜也熟了。

一天早上，伍迪和卡尔帮袋鼠妈妈收向日葵。伍迪个子太矮，连一个向日葵也摘不下来，他很不开心。

“每年这个时候，我只能看着你们收向日葵。”伍迪坐在地上沮丧地说。

“没关系，你总能帮上忙的。”卡尔安慰他说。

卡尔收完了向日葵就和伍迪去收玉米，一路上，伍迪一句话也不说。这时，米莉过来了，她看见伍迪不开心，就问卡尔，卡尔把事情的经过告诉了米莉。米莉安慰伍迪说：“小个子有小个子的好处，开心一点儿。”

伍迪点头答应着，但仍然不开心。

他们三个来到了玉米田，伍迪找了个阴凉的地方坐了下来，沮丧地说：“你看，我给你们帮不上忙，我个子太矮了。”

卡尔和米莉在收玉米，伍迪不开心地躺在一旁的树下。

这时，斑点狗骑着自行车来了。“米莉，卡尔快让开！”斑点狗喊道。他的自行车刹不住了。

米莉和卡尔急忙跑开了，斑点狗从玉米丛中走了出来，耸耸肩说：“我是想拐弯的，谁知刹车失灵了。”他看了看伍迪，又说：“嗨，伍迪，你怎么了？”

伍迪沮丧地说："每年秋天我都帮不上忙，我的个子太矮了。"

"怎么会呢？你看我没卡尔高，但我不烦恼啊。"斑点狗也安慰他说。

他们又来到了草莓园。伍迪低着头说："我只能看着你们摘草莓了。"

米莉坐在他跟前说："伍迪，你看，那草莓卡尔够不着了。"

伍迪一听卡尔够不着了，更加难过了，说："连卡尔都够不着，我肯定也够不着了。"

伍迪回头看了看草莓，原来草莓长得太低了，卡尔太高，够不到地面。

伍迪高兴地站了起来，拿着篮子去摘草莓了。

"我可以摘草莓了！"他开心地跳了起来。

斑点狗拍拍他的肩膀说："你看，我们都各有所长，你以后每天要快乐哦，这才是最重要的。"

伍迪的烦恼是什么？米莉是怎样安慰伍迪的？伍迪找到快乐了吗？

赶走自卑

伍迪因为个子矮而感到自卑，如果你为某事而感到自卑，那么要多鼓励自己、肯定自己、相信自己！

在下列成语中，找出表示自卑含义的成语，填写在后面的括号里。

从容不迫　自暴自弃　自愧不如　过于自信　自轻自贱

气定神闲　自惭形秽　自信不疑　妄自菲薄

答案：（　　　　　　　　　　　　）

我不计较

苹果换座位

一天，斑点狗坐公交车上学，车上人很多，但斑点狗刚好有个座位。这时，松鼠妹妹拿着一个苹果对坐着的斑点狗说：“斑点狗哥哥，我用苹果换你的座位，怎么样？”

斑点狗看到松鼠妹妹手中红彤彤的苹果，口水都要流出来了。他马上接过松鼠妹妹手中的苹果，把座位让给了松鼠妹妹。

斑点狗用衣袖擦了擦苹果，正准备咬一大口时，坐在座位上的松鼠妹妹说：“别吃，下车我还要换回来的呢。”

斑点狗有点生气，但他还是告诉自己：“我不计较，我不计较！”

一天，芒克正在院子里睡午觉，他梦见了很多香蕉，正咧着嘴笑呢。

这时，伍迪去找芒克玩，就大声地叫醒了芒克。

芒克的美梦被伍迪给打破了，他非常生气地对着伍迪大吼：“伍迪，打扰别人的美梦你知道有多过分嘛！”

“我……我来找你玩的。”伍迪有点不好意思地说。

“你去找别人玩，别来烦我。”芒克气呼呼地又躺下去睡了。

伍迪去找卡尔玩了。

过了几天，斑点狗和伍迪在野餐，他隐约听到一阵求助的声音，声音越来越大，原来是芒克在追一只风筝。风筝飞到了伍迪面前，他刚要伸手去抓时，突然想到芒克冲他大吼时的情景，于是他一气之下将手缩了回来，风筝随风飘走了。

这时，斑点狗帮忙去追了，追了半天才追回了风筝。芒克大口大口地喘着气赶来了，斑点狗责备起伍迪来。伍迪埋怨说：“谁让他那天冲我大吼呢！”。

斑点狗看了一眼芒克，对伍迪说：“即使芒克上次不对，但你知道不对，难道你也要学他的错误行为吗？”

斑点狗又转身对芒克说：“芒克，伍迪上次去找你玩，只是打搅了你的美梦，难道美梦比朋友重要吗？”

芒克听了，小声地说："当然朋友最重要了。"说着，芒克向伍迪伸出手道歉说："伍迪，上次是我不对，对不起。"

伍迪握住芒克的手说："我也不对，对不起。"

他们三个快乐地又在一起放风筝了。

芒克因为什么冲伍迪大吼？伍迪有没有帮芒克抓风筝？他们还是好朋友吗？

我们是朋友

芒克和伍迪因为小事而心存芥蒂，最后终于重归于好。你和朋友有没有闹过别扭呢？你们是怎样和好的？请在下面的横线上写出五个描写友情的成语。

合奏一首曲

臭皮匠太轻

课间休息，斑点狗和芒克讨论起《三国演义》里的丞相诸葛亮。

斑点狗问：“芒克，你说那么神奇的诸葛亮有多重？”

芒克想了想说：“在电视剧中看过诸葛亮，我看他的体重跟我爸爸差不多，估计有 130 斤吧。”

斑点狗听了芒克的话，一拍脑袋：“哦，我爸爸经常说‘三个臭皮匠，赛过诸葛亮’，我还以为诸葛亮是个超级大胖子呢。原来不是诸葛亮太重了，而是那三个臭皮匠太轻了啊！”

这一天，斑点狗起得格外早，他站在阳台上静静地看着宁静的奇迹之城。真是太美了！斑点狗看着刚刚升起的太阳。他想起了好长时间都没有弹奏的手鼓，心想："奇迹之城太安静了，为什么不演奏点音乐呢。"很快，他从屋子里拿出了他的手鼓，坐在木凳上敲了起来。"咚咚咚……"真好听！

这时，刚起床的芒克听见了，他也拿出了自己的吉他，开始弹奏起来。可是，他们演奏的是不相同的乐曲，两首曲子混合在一起，反而成了噪声。

过了一会儿，其他小伙伴们都拿出了自己的乐器开始弹奏起来，就连米莉也跟着唱起来，这可把山羊爷爷给吵坏了。

山羊爷爷走到他们跟前说："你们这样弹奏，没有演奏出好听的歌曲，反而演奏出来的乐曲变成了噪声。"

于是，山爷爷把大家召集了起来。山羊爷爷打着拍子，米莉担当主唱，其他伙伴们开始演奏起来。练习了一会儿，一首美妙的曲子终于合成了，好听极了。

斑点狗会演奏什么乐器？为什么他们弹奏的曲子变成了噪声？他们最后演奏出好听的曲子了吗？

团结就是力量

斑点狗和伙伴们之间相互合作，共同完成了一首好听的曲子，这是团结的力量。请把下列具有团结合作含义的句子补充完整。

（1）________________________，泰山移.

（2）众人拾柴 ________________________.

（3）一个篱笆三个桩，________________________.

（4）________________________，其利断金.

（5）单丝不成线，________________________.

（6）三个臭皮匠，顶个 ________________________.

米莉的胡萝卜

帮小毛毛虫找妈妈

斑点狗跑进房里，自豪地向妈妈指着正爬在自己臂上的一条小毛毛虫。妈妈掩饰着内心的紧张，若无其事地说：“斑点狗，你怎么不把毛毛虫放到外面？它妈妈找不到它会很着急的。”

听了妈妈的话，斑点狗转身出去了。没有几分钟，斑点狗却拿回两条毛毛虫，他高兴地对妈妈说：“瞧，我找到了它的妈妈，帮它解决了困难。”

一天，斑点狗经过米莉的萝卜园，看见她正坐在萝卜园里发愁。米莉对斑点狗说："我的萝卜大丰收了。可是，我一点儿也高兴不起来，太多了，我什么时候才能拔完呢！"

"萝卜大丰收多好呀！我刚过来的时候，看见小伙伴们正在草地上玩呢，我去叫他们过来帮忙。"斑点狗对米莉说。

“这怎么好意思呢！”米莉有些犹豫。

“等干完活，晚上我们去你家聚会吧，你请我们吃饭，算作回报，这样你满意了吧？”斑点狗想了想说。

“好啊！好啊！我给大家做蛋糕吃。”米莉高兴地说。

没过多久，斑点狗和伙伴们一起来到了米莉的萝卜园。

卡尔拔萝卜，斑点狗捡萝卜，伍迪清理萝卜上的土，芒克用袋子装萝卜。米莉看着大家都在高兴地帮她干活，自己也快乐了许多！

“快看，芒克的脸像小花猫！”斑点狗笑着说。

“脸上有土！”卡尔咯咯地笑着，走过去帮芒克擦脸。

“你们看我清理得多干净啊！劳动真快乐！”伍迪一边笑一边说。

没过多久，萝卜园里的萝卜就拔光了，他们把萝卜装进了车，推着去米莉家了。米莉做了一顿丰盛的晚餐，还做了一个大蛋糕，大家快乐地吃着。吃完饭，大家一起唱歌，一起跳舞，很热闹。

“斑点狗，谢谢你，让我的烦恼变成了快乐！”米莉感激地说。

“用快乐的心情去解决生活中的麻烦事，让自己的生活变得有趣。”斑点狗咯咯地笑着说。

米莉为什么发愁？斑点狗给米莉想了什么主意？伙伴们乐意帮忙吗？

不怕挫折

米莉遇到困难，不知道该如何解决而发愁。但是，斑点狗却想到了好主意，大家一起帮米莉解决了困难。因此，在遇到困难时不要烦恼，鼓励自己勇敢面对或求助他人。请将下列的诗句连一连。

会当凌绝顶	病树前头万木春
长风破浪会有时	直挂云帆济沧海
山重水复疑无路	一览众山小
沉舟侧畔千帆过	柳暗花明又一村

看日出

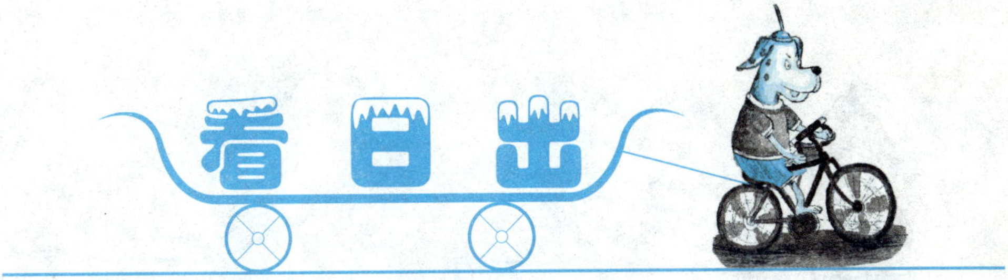

大海

为了让奇迹之城里的孩子们感受大自然的力量，山羊爷爷带着大家去看大海。当看到盼望已久的大海时，大家都兴奋地大喊大叫。

斑点狗跑到山羊爷爷面前说："山羊爷爷，不是说大海无边无际吗？"

"是呀。"山羊爷爷不知斑点狗又要问出什么稀奇古怪的问题。

"但我们怎么站在大海的边上呢？"斑点狗双眉紧锁，一副思考状。

这一天早上，天还没有完全亮，奇迹之城里面安静极了。芒克来到斑点狗家门口。

“咚咚咚……”芒克敲起门来。

“谁呀？这么早！”斑点狗迷迷糊糊地问。

“我是芒克，你起床了没有？”芒克说。

“哦……我很困呢……”斑点狗又呼呼地睡了起来。

“走啦，去看日出了。今天晴天，昨天晚上咱们说好的。”芒克催促着说。

“来啦！”斑点狗这才清醒了。原来，他们昨晚商量好今天早上去看日出。

芒克和斑点狗又叫上了卡尔和伍迪，他们一起朝着山顶上走去。

“你们看，今天的天气多好。”斑点狗指着天边亮的地方说。

“对，今天是个大晴天！”伍迪高兴地说。

当他们走到半山腰的时候，天已经完全亮了。

“瞧，太阳快出来了。”斑点狗指着东边亮的地方说。

“啊！真美，一会儿更美！”芒克看着天色说。

“哇，好期待啊！”伍迪蹦蹦跳跳地说。

他们加快了脚步，一直走啊走。

“好累哦！我走不动了。”卡尔气喘吁吁地说。

“再坚持一下，马上就到山顶了！”斑点狗拍着卡尔的肩膀说。

“你们快看，天边像被镶上了一道金边。”伍迪指着天边的云说。

“好美啊！”他们异口同声地说。

很快，他们就爬到了山顶上。这时，太阳的光芒渐渐地多了，云彩也变成了金色的，漂亮极了！

“快看！太阳出来了。”斑点狗大声说。

他们开心地一边看，一边说着云彩的色彩，有金黄色的、橙色的、红色的……

不一会儿，太阳像一个红彤彤的皮球一样在山顶上跳来跳去。最后，完全从山顶上跳到了天空中。

芒克起床的时候，斑点狗醒了吗？他们几个人去看日出了？他们眼中的日出美吗？

美丽的大自然

斑点狗和朋友们看到了美丽的日出，大自然真是神奇极了！下面的谚语都是有关天气的，请根据要求把它们分类。

(1) 天上钩钩云，地上雨淋淋。
(2) 南风怕日落，北风怕天明。
(3) 蜜蜂采花忙，短期有雨降。
(4) 喜鹊枝头叫，出门晴天报。
(5) 早晨棉絮云，午后必雨淋。
(6) 大风怕日落，久雨起风晴。
(7) 星星眨眨眼，出门要带伞。
(8) 朝霞不出门，晚霞行千里。

看云识天气：________________________

看风识天气：________________________

看天象识天气：________________________

看物象识天气：________________________

斑点狗的另一面

我的力气最大

斑点狗以调皮捣蛋、爱捉弄人闻名整个奇迹之城。

有一次，放学回家，他神气十足地对正在做饭的妈妈说：“妈妈，我是我们班力气最大的！”

“哦，这么有把握？”

“是啊，今天我们猫头鹰老师说，我一个人能拖全班的后腿！”

又到了桃子成熟的季节，桃树上挂满了红红的大桃子。这一天，芒克起得特别早，他来到了桃园，开心地在树枝间跳来跳去，不一会儿，就摘了一大堆桃子。

芒克左手拿一个，右手捧一个，弯腰再夹两个。可是桃子就像调皮的娃娃，一会儿逃出芒克的左手，一会儿跑出芒克的右手，一会儿从芒克的腰间滚了下去，急得芒克汗如雨下。看着满地的桃子，芒克自言自语地说："摘完的桃子怎么拿回家去呢？"

这时，斑点狗提着一个篮子走过，他看见芒克正蹲在桃树底下，走上前问道："芒克，你怎么了？"芒克指着地上的桃子说："我光顾着摘桃子了，忘记拿一个篮子过来，这下桃子没法拿回家了。"斑点狗想了一会儿，看了看自己的空篮子，眼睛一亮，说："你用我的篮子吧！"

芒克看了看，说："你不用了吗？"

斑点狗挥挥手，笑着说："我本来打算去摘豆子的，先借给你用吧！"

于是，斑点狗就把篮子递给了芒克。

芒克高兴地接过了篮子，连忙把又大又甜的桃子一个一个放进了篮子里。芒克为了感谢斑点狗，把最大的桃子给他。斑点狗摇摇手，笑着说："我不吃桃子，我喜欢吃骨头。"

好心的斑点狗又帮芒克把桃子提了回去，这让芒克对斑点狗刮目相看了，想不到平时调皮捣蛋的斑点狗是这么热心。

芒克种的桃树多吗？芒克是怎么把桃子拿回家去的？芒克觉得斑点狗的另一面是怎样的？

处处充满“爱”

想不到斑点狗是如此热心，热心肠的人内心充满着爱。请用下面“爱”组成的四个词语填空。

慈爱　爱戴　疼爱　珍爱

(1) 绿叶是大自然最（　）的女儿。

(2) 因为村长生前全心全意为乡亲服务，所以受到了乡亲的（　）。

(3) 我抬头看了看奶奶，她正（　）地望着我。

(4) 鲁迅先生十分（　）侄女。

斑点狗说答案

找朋友

答案：

君子之交——在道义上互相支持的朋友

一面之交——仅仅相识，但不甚了解

八拜之交——旧时结拜的兄弟、姐妹的交情

竹马之交——幼年相交的朋友

忘年之交——打破年龄、辈分的差异而结为好朋友

芒克的魔术帽

答案：

见利忘义　损人利己　一毛不拔　锱铢必较

斤斤计较　小肚鸡肠　假公济私　自私自利

有己无人

春天里的计划

答案：

深谋远虑　百年大计　精打细算　宏图大志

刻意经营

自行车比赛

答案：

健步如飞——长跑　百步穿杨——射箭

闻鸡起舞——剑术　舞枪弄棒——武术

上下翻飞——高低杠　棋逢对手——棋牌类

找宝藏

答案：

山清水秀　鸟语花香　清澈见底　绿树成荫

天人合一

去郊游

答案：

一寸光阴一寸金，（寸金难买寸光阴）。

（少壮不努力），老大徒伤悲。

一年之计在于春，（一日之计在于晨）。

清晨不起早，误一天的事；（幼年不勤学，误一生的事）。

少年不知勤学苦，（老来方悔读书迟）。

斑点狗，帮帮我

答案：

舍己为人　助人为乐　雪中送炭　劫富济贫

慷慨解囊　拔刀相助　义不容辞　义无反顾

有求必应　打抱不平　出谋献策

打雪仗

答案：

表示心情愉悦的成语：

兴高采烈、心花怒放、眉开眼笑、手舞足蹈、如沐春风

表示情绪低落的成语：

闷闷不乐、垂头丧气、欲哭无泪、无精打采

斑点狗和伍迪旅行记

答案：

广东　河南　四川　长沙　云南　印度　日本

陪你一起看星星

答案：

北极星

忘记老朋友

答案：

（1）天涯若比邻　（2）相识满天下

（3）相逢何必曾相识　（4）劝君更尽一杯酒

（5）莫愁前路无知己　（6）唯见长江天际流。

伍迪不喜欢冬天

答案：

春天——鸟语花香　夏天——骄阳似火

秋天——金风送爽　冬天——银装素裹

米莉生病了

答案：

嘘寒问暖　体贴入微　无微不至　关怀备至

爱欺负人的杰克

答案：

英雄：

一身正气　临危不惧　堂堂正正

大智大勇　光明磊落

坏人：

道貌岸然　忘恩负义　穷凶极恶

丧心病狂　心怀叵测

伍迪的烦恼

答案：

自暴自弃　自愧不如　自轻自贱　自惭形秽

妄自菲薄

我不计较

答案：

推心置腹　肝胆相照　情同手足　志同道合

风雨同舟　形影不离　亲密无间　促膝谈心

同窗益友　心心相印　义结金兰等

合奏一首曲

答案：

（1）人心齐（2）火焰高（3）一个好汉三个帮

（4）二人同心（5）独木不成林（6）诸葛亮

米莉的胡萝卜

答案：

会当凌绝顶，一览众山小。

长风破浪会有时，直挂云帆济沧海。

山重水复疑无路，柳暗花明又一村。

沉舟侧畔千帆过，病树前头万木春。

看日出

答案：

看云识天气：(1)(5)　看风识天气：(2)(6)

看天象识天气：(7)(8)　看物象识天气：(3)(4)

斑点狗的另一面

答案：

(1) 珍爱　(2) 爱戴　(3) 慈爱　(4) 疼爱